WAS IST WAS

Fußball

Rätselheft

Herausgegeben von

Björn Greubner und Lisa Maurer

Text von

Martina Gorgas und Lisa Maurer

TESSLOFF

Wie Fußball begann

○ Wahr oder ○ gemogelt?

In Mittelamerika spielten die Azteken ein Ballspiel namens „Ulama". In ihren Zeremonienstätten entdeckte man rechteckige, etwa 50 Meter lange Sportplätze. Manche hatten Seitenmauern mit erhöhten Steinringen, durch die ein schwerer Kautschukball befördert werden musste. Die Spielregeln sind unklar, man weiß nur, dass der Ball nicht mit dem Fuß, sondern mit Ellbogen, Knie, Hüfte und Gesäß gespielt wurde. Wahr oder gemogelt? Kreuze die richtige Lösung an!

Doppelgänger

„Baines Cards" englischer Fußballvereine waren die ersten begehrten Tauschobjekte von Fußballfans. Welche Sammelkarte findest du hier zweimal? Markiere sie im Bild!

○ Wahr oder ○ gemogelt?

Zwischen dem 3. Jahrhundert vor Christus und dem 7. Jahrhundert nach Christus hat sich in Japan das Spiel „Kemari" verbreitet. Dabei traten acht oder weniger Spieler gegeneinander an. Ziel des Spiels war es, sich einen Ball aus Tierhaut so oft wie möglich zuzuspielen, ohne dass er dabei den Boden berührte. Es gibt sogar Hinweise auf ein Aufeinandertreffen eines chinesischen Tsu Chu-Teams mit einer japanischen Kemari-Mannschaft um 50 vor Christus – das erste Länderspiel der Welt! Wahr oder gemogelt? Kreuze die richtige Lösung an!

Ausrüstung

Gut angezogen

Weißt du, welche Kleidungsstücke zu einer Fußballerausrüstung gehören? Wenn du die Buchstaben in die Lösungskästchen einträgst, erfährst du, woran man den Mannschaftsführer auf dem Spielfeld erkennen kann. (ä = ae, ö = oe, ü = ue, ß = ss)

Lösungswort: _1_ _2_ _3_ _4_ _5_ _6_ _7_ _8_

Schuhdurcheinander

1 ____________________

2 ____________________

3 ____________________

4 ____________________

5 ____________________

6 ____________________

7 ____________________

8 ____________________

In der Mannschaftskabine ist einiges durcheinandergeraten. Findest du heraus, welcher Schuh wem gehört? Lukas' Schuh ist rot-schwarz und befindet sich drei Schuhe links von Matthias´ Schuh. Zwischen den beiden stehen die Schuhe von Tim und Jens. Drei Schuhe links neben Jens´ Schuh liegt der von Felix. Der Schuh links daneben gehört Tobias. Er ist blau-weiß wie der von Tim. Andreas' Schuh hat eine rote Lasche, im Gegensatz zu Michaels, der drei Schuhe weiter rechts steht. Schreibe die passenden Namen auf die Linien!

Frauenfußball damals

Quizfrage

Was unterschied die Spielerinnen des ersten Frauenfußballvereins „British Lady Football Club" rein äußerlich von der rechts abgebildeten Fußballspielerin? Kreuze die richtige Antwort an!

◯ a) Die Spielerinnen trugen Hosen, keine Röcke.

◯ b) Die Spielerinnen traten ohne Kopfbedeckung an.

◯ c) Die Spielerinnen trugen lange Mäntel, um sich vor Regen und Kälte zu schützen.

Gitterrätsel

Das berühmte Frauenteam „Dick Kerr's Ladies" lockte 1920 53 000 Zuschauer in das Liverpooler Stadion. Welcher Bildausschnitt gehört an welche Stelle des Gitters? Trage die Koordinaten in die Kästchen ein!

a

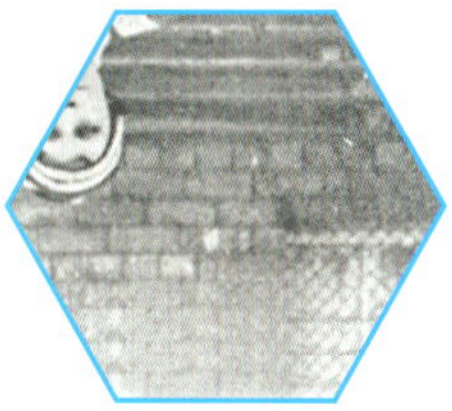

b

c

d

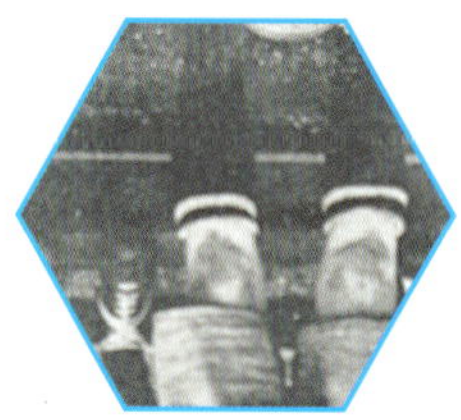

e

Frauenfußball heute

Schattenrätsel

Die Spielerin im blauen Trikot versucht, den Ball durch seitliches Hineingrätschen vom Fuß der Gegnerin zu trennen. Dieses so genannte Gleittackling ist nicht ungefährlich, da leicht die Beine des Gegners verletzt werden können. Welcher Schatten gehört zu den beiden Fußballerinnen? Kreuze die richtige Lösung an!

Buchstabenklau

Hier sind alle Selbstlaute verschwunden! Wenn du a, e, i, o und u an den richtigen Stellen einsetzt, erhältst du zehn Namen berühmter Fußballerinnen. Kleiner Tipp: Die Flaggen verraten dir, aus welchen Ländern die Spielerinnen stammen!

Ntt Hnybll 

M Hmm 

Mia Hamm

Brgt Prnz 

Mchll krs 

Bttn Wgmnn 

Stff Jns 

Drs Ftschn 

P Sndhg 

Rnt Lngr 

Sn Wn 

Fußballregeln

Verknotet

Es gibt immer wieder Regeländerungen im Fußball. Findest du heraus, welche Regel wann eingeführt wurde? Schreibe die Jahreszahlen in die passenden Kästchen!

Quizfragen

Wie nennt man die Zeitspanne, um die der Schiedsrichter das Spiel nach Ablauf der regulären Spielzeit verlängern kann? Trage die Lösung in die Kästchen ein! Kleiner Tipp: Ein paar Buchstaben sind bereits vorgegeben!

		C	H							E		

Und wie heißt der Gehilfe des Schiedsrichters, der unter anderem Spielerauswechslungen und die Länge der Nachspielzeit anzeigt sowie das angemessene Verhalten in der Technischen Zone überwacht? Trage die Lösung in die Kästchen ein! Auch hier sind ein paar Buchstaben bereits vorgegeben!

V	I				E	

						E			E	

Zeichensprache

Was bedeuten die Handzeichen der Schiedsrichter? Ordne die Aussagen den richtigen Zeichnungen zu!

a b

c

(1) indirekter Freistoß: ☐

(2) direkter Freistoß: ☐

(3) weiterspielen: ☐

Torgefahr!

Bei welchen Ballpositionen gilt das Tor? Kreuze die richtige Lösung an!

Abseits-Rätsel

Ein Spieler steht dann im Abseits, wenn er sich näher an der gegnerischen Torlinie befindet als der Ball und der vorletzte Abwehrspieler (nicht der Torwart, sondern der letzte Feldspieler vor dem eigenen Tor). Doch wenn ein Spieler nur im Abseits steht, ist das allein noch kein Regelverstoß. Der Schiedsrichter pfeift erst, wenn der Spieler aktiv am Spiel teilnimmt und sein Mannschaftskollege den Ball berührt oder spielt. Hast du die Abseitsregel verstanden? Welche dieser beiden Zeichnungen zeigt ein Abseits? Trage die richtige Zahl in das Kästchen ein!

(1)

Spieler A schlägt einen Pass zu Spieler B. In diesem Moment steht Spieler B nicht näher an der gegnerischen Torlinie als der Gegenspieler. Nun läuft Spieler B von Position 1 zu Position 2, um den Ball anzunehmen.

(2)

Spieler A schlägt einen Pass zu Spieler B. B steht dabei vor A. In dem Moment, in dem Spieler B der Ball zugespielt wird, befindet sich nur ein Gegner, nämlich der Torwart, zwischen ihm und der Torlinie.

Lösung: ☐

Fachsimpeleien

Ballzauber

Wie gut kennst du die Fußball-Fachsprache? Trage die Lösungen in die Kästchen neben den Begriffen ein!

Ⓐ Der Spieler muss den Ball möglichst dann frontal mit der Stirn treffen, wenn er den höchsten Punkt des Sprunges erreicht hat.

Ⓑ Der Ball wird abgeblockt und über den Fuß des Gegners gedrückt.

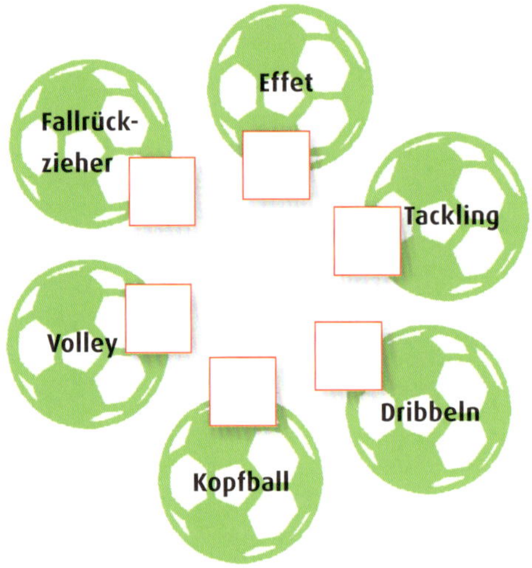

Ⓒ Der Spieler treibt im Laufen den Ball mit kurzen Stößen vor sich her.

Ⓕ Der Ball wird angeschnitten und fliegt nicht mehr auf einer geraden, sondern auf einer gebogenen Bahn.

Ⓔ Der Ball wird im Fallen mit dem Spann in der Luft über den Kopf gespielt.

Ⓓ Bei diesem Schuss wird der Ball direkt aus der Luft angenommen und geschossen, bevor er den Boden berührt.

Kreuzworträtsel

Die einzelnen Bereiche eines Fußballfeldes haben ganz bestimmte Zonen und Linien. Kennst du sie alle? Die weiße Zahl gibt dir jeweils die Position der Linie beziehungsweise Zone an, trage die Lösung dann in die entsprechend mit der gleichen Zahl gekennzeichneten Kästchen ein! (ß = ss)

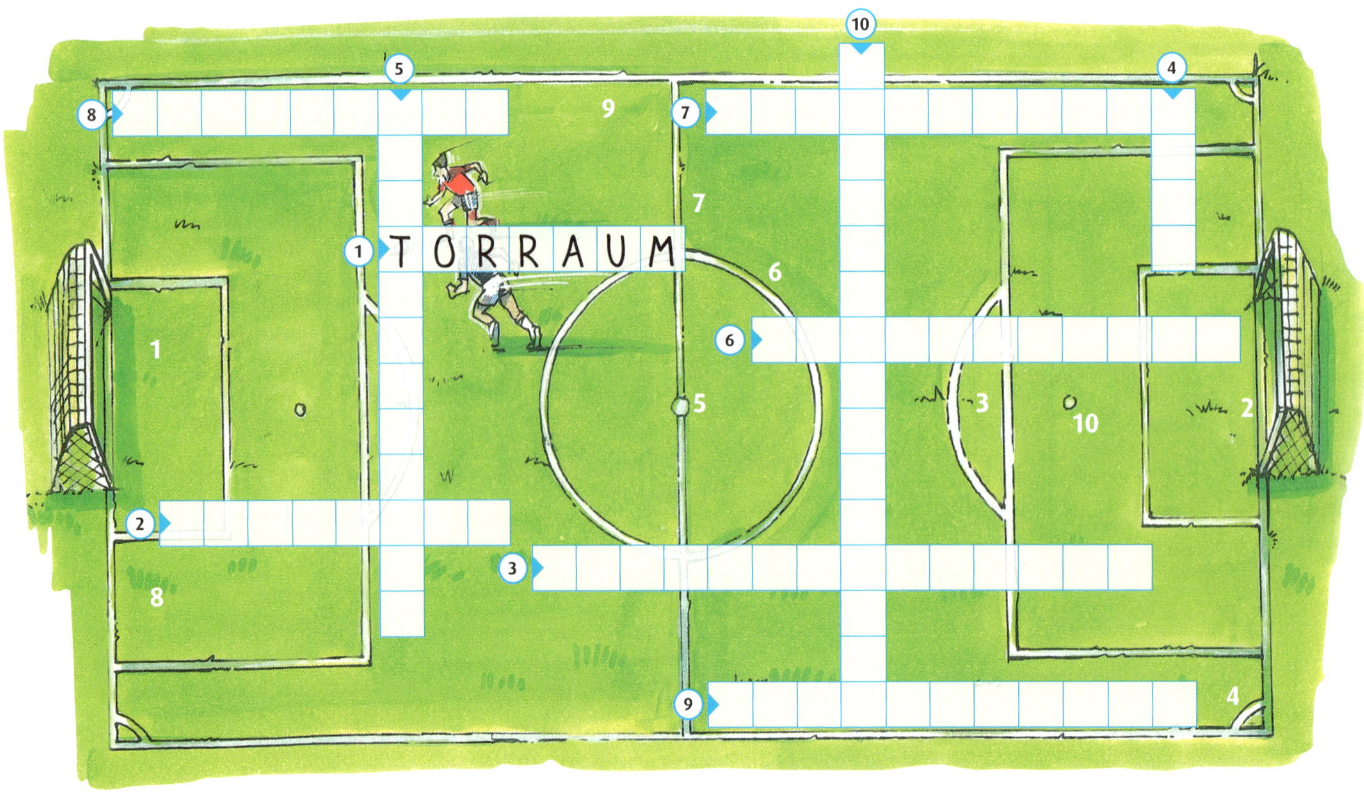

Bundesliga

Mit dem Techniktraining kann bereits sehr früh begonnen werden!

Diese Mannschaft bejubelt ausgelassen ihren Sieg!

Verein	Spieltage	S	U	N	Tore	Punkte
1. SC Wilde Jungs	33	20	7	6	60:32	67
2. VfB Blaue Socken	33	20	6	7	75:37	66
3. Siegerstadt 05	33	19	8	6	62:23	65
4. FC Grüne Wiese	33	18	7	8	60:36	61
5. Sportfreunde Stutzen	33	18	7	8	51:34	61
6. SV Sonnenschein	33	17	5	11	53:41	56
7. 1. FC Torhausen	33	17	5	11	59:49	56
8. Löwenclub Münchhausen	33	12	11	10	43:40	47
9. Flinke Wiesel Rasselburg	33	14	5	14	55:57	47
10. Kickers Kiehl	33	12	7	14	55:48	43
11. Borussia Spielstadt	33	10	10	13	48:53	40
12. FC Fortuna Brummtal	33	9	12	12	39:49	39
13. Eintracht Glücksstadt	33	9	8	16	34:57	35
14. SC Rasenspieler 96	33	9	7	17	33:51	34
15. VfL Freudenheim	33	9	4	20	31:55	31
16. FC Rote Teufel	33	6	9	18	33:61	27
17. FSV Meisterstadt	33	6	8	19	23:59	26
18. Freistädter Füchse	33	4	10	19	35:67	22

Spielergebnisse des 34. Spieltages:	
SC Wilde Jungs – SV Sonnenschein	0:1
VfB Blaue Socken – FC Grüne Wiese	2:1
Siegerstadt 05 – SC Rasenspieler 96	3:2

Meister-Rätsel

In Kickerland wird es zum Ende der Saison besonders spannend. Die ersten drei Mannschaften liegen nach dem 33. Spieltag ziemlich eng beieinander, sodass am letzten Spieltag noch eine Menge an der Spitze passieren kann. Kannst du anhand der Spielergebnisse ausrechnen, welche Mannschaft den Meistertitel nach Hause holt? Schreibe die Lösung auf die Linie!

Kleiner Tipp: Für einen Sieg erhält die Mannschaft drei Punkte, für ein Unentschieden einen Punkt.

Bundesliga-Quiz

Kennst du dich in Sachen Bundesliga aus? Kreuze jeweils die richtige Lösung an!

1. Wie nennt man den Gewinn von Meisterschaft und Pokalsieg einer Mannschaft in einer Saison?
a) Double
b) Duett
c) Hattrick

2. Welcher Verein gewann als Aufsteiger in der Bundesliga in der gleichen Saison die Meisterschaft?
a) Borussia Mönchengladbach
b) SV Werder Bremen
c) 1. FC Kaiserslautern

3. Welcher Bundesligaverein ist seit der Gründung der Bundesliga noch nie abgestiegen?
a) Hamburger SV
b) Hertha BSC
c) FC Schalke 04

4. Welches Jahr ging als „Jahr ohne Meister" in die Geschichte ein?
a) 1905
b) 1922
c) 1946

5. Welcher Spieler schoss die meisten Bundesligatore?
a) Franz Beckenbauer
b) Michael Ballack
c) Gerd Müller

Deutsche Vereine

Wappen-Rätsel

Wie gut kennst du dich mit Fußballvereinen aus? Verbinde die Vereinswappen mit den passenden Buchstaben.

FC Schalke 04

1. FC Kaiserslautern

BV Borussia Dortmund

1. FC Köln

Hamburger SV

(a) 2002 wurde der Bundesligist zum dritten Mal Deutscher Meister. Das Heimstadion ist allgemein auch als „Fußballoper" bekannt. Im so genannten Ruhrgebietsderby" treten die „Schwarz-Gelben" gegen die Konkurrenten aus Gelsenkirchen an.

(b) Bekannt ist der Verein wegen seines Maskottchens, dem Geißbock „Hennes". Als die Bundesliga gegründet wurde, waren die Geißböcke die Besten. Lukas Podolski hat in diesem Verein ab der D-Jugend das Kicken gelernt.

(c) Der am 4. Mai 1904 gegründete Verein wurde nach einem Stadtteil von Gelsenkirchen im Ruhrgebiet benannt. 1997 gewannen die Kicker mit dem UEFA-Cup ihren ersten internationalen Titel. Die Vereinsfarben sind Blau und Weiß.

(d) Der Sportverein aus Norddeutschland wurde bereits 1887 gegründet. Ein bekannter und beliebter Spieler des Vereins war Uwe Seeler, der nur „Uns Uwe" genannt wurde. Maskottchen des Vereins ist „Hermann", der Dinosaurier.

(e) Weil sie rote Trikots tragen und besonders „wilde" Kicker sind, werden die Spieler vom „Betzenberg" auch „rote Teufel" genannt. Ihre Spielstätte ist das Fritz-Walter-Stadion, benannt nach dem Kapitän der Weltmeisterelf von 1954.

Fußballstadien

Stadion-Rätsel

Die Texte neben den Fotos geben dir Hinweise, welche Stadien hier zu sehen sind. Kennst du sie alle? Trage ihre Namen in die Kästchen ein!

- Eröffnet wurde das neu gebaute Stadion im Jahr 2005.
- Die Tribünen fassen an die 70 000 Zuschauer.
- Heimmannschaften sind zwei bayerische Fußballvereine.

A L L _ _ _ _ – _ _ _ _ _

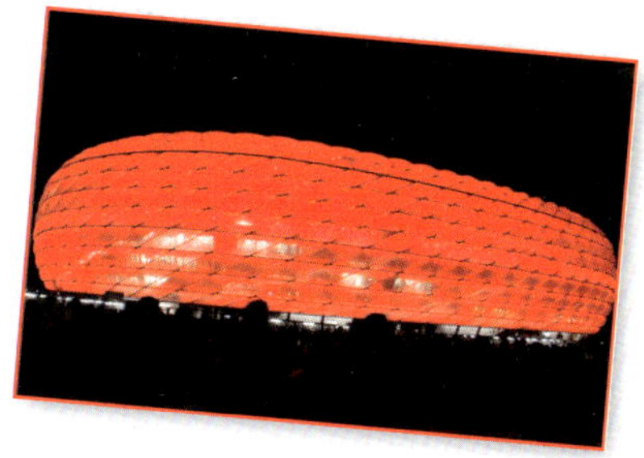
A

B

- Über 43 000 Zuschauer finden hier Platz.
- Früher hieß das Stadion auch „Kampfbahn".
- Die Heimmannschaft wurde 2004 Deutscher Meister und DFB-Pokalsieger.

_ _ _ _ _ _ _ _ _ _ _ _

- Das 1936 eröffnete Stadion steht unter Denkmalschutz.
- Seit 1985 wird dort das Endspiel des DFB-Pokals ausgetragen.
- 2006 fand dort das Endspiel der Fußballweltmeisterschaft statt.

_ _ _ _ _ _ _ _ _ _ _ _ _ _

C

D

- Dieses Stadion fasst über 46 000 Zuschauer.
- Die achteckige Form ist für dieses Stadion charakteristisch.
- Die traditionsreiche heimische Mannschaft wird oft nur „Der Club" genannt.
- Bis 2006 hieß es „Frankenstadion".

_ _ _ _ _ _ _ _ _ _ – _ _ _ _ _ _ _

- Das Stadion war früher unter dem Namen „Stadion der Hunderttausend" bekannt.
- 1956 schoss Fritz Walter hier sein legendäres Hackentor.
- Beim Confederations Cup 2005 fand in diesem Stadion das Spiel um Platz drei zwischen Deutschland und Mexiko statt.

_ _ _ _ _ _ _ _ _ _ _ _ _ _

E

Spirit

Auf dem Platz

Im Stadion

In dieses Fußballspiel wurden zehn Fehler gemogelt. Kannst du alle entdecken? Markiere sie mit einem Stift! Wie viele Fanschals sind auf der Tribüne zu sehen? Trage die Zahl in das Kästchen ein! Und wo versteckt sich Quentin? Markiere ihn im Bild!

23

Fußballmatch

Ratekrimi

Theo, Tess und ich freuten uns schon die ganze Woche auf den Samstag: Da sollte unsere Fußball-Schulmannschaft gegen die Mannschaft aus der Schule des Nachbarorts spielen. Und wir wollten natürlich unbedingt dabei sein!

Wir waren schon sehr früh auf dem Platz, damit wir ganz vorne sitzen und unsere Jungs laut anfeuern konnten. Theo hatte eine Rassel dabei, Tess eine Fahne mit dem Zeichen unseres Schulvereins. Ich hatte mein Maskottchen in der Jackentasche, einen kleinen Plüschpinguin, der mir immer Glück brachte.

Das Spiel fing echt gut an: Schon nach zehn Minuten lag unser Team vorn. Alex, der Superstürmer, hatte ein schönes Tor in die rechte obere Ecke geschossen. Keine Chance für den Keeper! Und kurz vor der Halbzeit legte Tim, der flinke Mittelfeldspieler, noch ein zweites Tor nach. Er tunnelte den Torwart, wir johlten vor Begeisterung. Tess schrie: „Unsere Jungs sind die Besten!“ So gingen wir vergnügt in die Pause und schlossen schon Wetten ab, wie hoch wir gewinnen würden.

Doch nach der Pause drehte sich das Spiel: Der Gegner holte seinen Joker von der Ersatzbank, den wilden Willy, der prompt wenige Minuten später einen Treffer erzielte. Eine echte Rakete, unhaltbar! Und dann – oh nein, das durfte doch nicht wahr sein: ein Eigentor von unserem besten Abwehrspieler!

Wir wurden immer stiller auf unserer Bank. Ich drückte meinen Pinguin fest an mich, er konnte mich doch nicht so im Stich lassen! Nur noch acht Minuten Spielzeit. „Wir müssen es noch schaffen“, murmelte Theo. In diesem Moment dribbelte Max, unser Ersatzmann im Mittelfeld, in Richtung gegnerisches Tor, trickste den Gegner aus – und setzte zu einem großartigen Schuss an. „Tooor! Tor!“, schrien wir völlig außer uns. Doch dann sahen wir es! Was war passiert? Max hatte bei seinem großartigen Torschuss seinen Fußballschuh verloren! Ob das Tor jetzt zählte? Theo guckte erschrocken, doch dann lächelte er und meinte: „Wir haben gewonnen, das ist sicher!“

Hat Theo recht? Gilt dieses Tor? Kreuze die richtige Lösung an!

◯ Ja ◯ Nein

Die besten Vereine Europas

Liga-Rätsel

Hier siehst du Vereinslogos von einigen der besten Fußballclubs Europas. Weißt du, aus welchem Land sie kommen und wie dort die jeweilige höchste Spielklasse heißt? Verbinde jedes Vereinslogo mit der passenden Flagge und der zugehörigen Ligabezeichnung!

Suchsel

						S	Q	N	F	S	R	D	X	J	M
				V	H	S	P	P	E	I	A	V	Q	U	A
				S	F	X	V	F	N	S	S	D	J	V	N
		E	S	A	V	C	C	G	E	S	S	R	S	E	C
		E	J	S	E	R	Z	J	R	D	P	R	B	N	H
	X	G	D	D	H	E	D	D	B	I	O	P	D	T	E
	N	R	S	C	X	A	S	L	A	E	R	D	T	U	S
	W	A	C	E	A	L	O	F	H	B	T	K	V	S	T
F	Z	S	B	W	Q	M	I	C	C	O	I	I	L	T	E
A	J	H	A	B	K	A	P	C	E	S	N	I	L	U	R
T	A	O	W	W	H	D	D	H	I	I	G	X	S	R	U
U	B	P	D	J	A	R	H	E	S	S	L	Z	L	I	N
S	I	P	F	A	O	I	O	L	T	N	I	S	L	N	I
B	C	E	K	C	N	D	B	S	A	S	S	K	N	P	T
A	J	R	Q	P	K	S	D	E	N	S	S	M	B	S	E
I	S	S	L	Z	D	X	O	A	B	I	A	O	M	O	D
W	T	C	Q	L	I	S	E	P	U	P	B	S	D	A	F
F	R	L	V	J	O	M	I	E	L	S	O	K	C	R	E
Q	O	U	D	H	R	L	K	J	H	G	N	A	A	F	N
C	K	B	Z	S	E	N	S	B	K	M	V	U	N	G	D
W	S	Z	P	O	D	N	V	A	V	E	F	E	K	S	E
R	S	U	A	R	S	E	N	A	L	L	O	N	D	O	N
S	R	E	S	R	G	H	S	A	W	D	F	V	S	D	B
	J	R	W	D	X	E	G	H	R	W	C	W	N	C	A
	K	I	E	F	G	H	T	Z	A	D	F	J	E	F	G
	F	C	L	I	V	E	R	P	O	O	L	R	D	D	V
		H	S	D	W	D	R	A	P	I	D	W	I	E	N
		X	I	N	T	E	R	M	A	I	L	A	N	D	W
				U	S	X	S	W	H	R	T	U	K	U	Z
				S	A	N	D	L	I	J	G	R	F	V	V
						A	S	O	J	G	J	G	T	R	G

Nun hast du einige der besten europäischen Fußballvereine kennengelernt. In diesem Buchstabengitter sind senkrecht und waagerecht zwölf weitere bekannte und erfolgreiche Vereine verborgen. Findest du sie? (ä = ae, ö = oe, ü = ue)

UEFA Champions League und UEFA Europa League

Packendes Finale

1999 verlor der FC Bayern München im UEFA Champions League-Finale nur sehr knapp gegen Manchester United (Endstand 2:1). Mit welcher Schusstechnik setzte Carsten Janker den Ball unglücklich an die Latte? Die Abbildung oben gibt dir einen Hinweis. Schreibe die Lösung auf die Linie!

Punkträtsel

Wenn du die Punkte von 1 bis 73 verbindest, siehst du, worüber sich die beiden Fußballspieler so freuen!

Versteckt!

In diesem Bild sind 15 Buchstaben versteckt. Wenn du sie von links nach rechts liest und in die Kästchen einträgst, erfährst du, wie man Spiele nennt, die ausgetragen werden, wenn es bereits dunkel ist.

Quizfrage

Deutsche Fußballclubs gehören neben Vereinen aus England, Spanien und Italien zu den erfolgreichsten des vormaligen UEFA Cups, seit Sommer 2009 UEFA Europa League. Weißt du, welcher Club 1974/1975 als erster deutscher Fußballverein den UEFA Cup gewinnen konnte? Der Ausschnitt des Vereinslogos gibt dir einen Tipp! Schreibe die Lösung auf die Linie!

Fußballgeschäfte

TI AR KEL FAN

Silbenrätsel

Ordne die Silben von groß nach klein, dann erfährst du die Bezeichnung für Produkte, die gerne von Fußballbegeisterten gekauft werden. Schreibe die Lösung auf die Linie!

○ Wahr oder ○ gemogelt?

„Telstar", der Name des Spielballs der FIFA Fußball-Weltmeisterschaft Mexiko 1970™, leitet sich ab von „Star of Television", was „Star des Fernsehens" heißt. Denn Telstar war der erste schwarz-weiße WM-Ball und somit deutlich besser in den damals noch üblichen Schwarz-Weiß-Fernsehgeräten zu erkennen als seine Vorgänger aus braunem Leder. Wahr oder gemogelt? Kreuze die richtige Lösung an!

Geheim!

Kannst du entschlüsseln, welche Nachricht der FC Flankenfeld erhalten hat? Schreibe die Buchstaben in die Kästchen! (ä = ae, ö = oe, ü = ue)

Doppelgänger

Auf der Reportertribüne sind die Berichterstatter live und hautnah dabei. Findest du die fünf Fehler im unteren Bild? Markiere sie mit einem Stift!

Kontinentmeisterschaften

1. Spielorte der EM 2008 waren je vier Orte in der Schweiz und in Österreich.

(F) richtig (S) falsch

2. Im Halbfinale spielte Deutschland gegen die Türkei.

(I) richtig (T) falsch

3. Die beiden Maskottchen der EM hießen Fix und Fax.

(O) richtig (N) falsch

4. An der EM 2008 nahmen 16 Länder teil, die in vier Gruppen eingeteilt waren.

(A) richtig (G) falsch

5. Ein Spieler, der während eines EM-Spiels die rote Karte erhält, ist für alle weiteren EM-Spiele gesperrt.

(S) richtig (L) falsch

6. Der spanische Mittelfeldmann Xavi Hernandez wurde zum Spieler des Turniers gewählt.

(E) richtig (M) falsch

EM-Quiz

Hast du die Fußball-Europameisterschaft 2008 genau verfolgt? Dann kannst du sicher erräten, welche Aussagen stimmen und welche falsch sind. Trage die Buchstaben vor den richtigen Antworten in die Kästchen ein, dann erhältst du das Lösungswort!

Buchstabensalat

Viele afrikanische Nationalmannschaften werden nach Tieren benannt. Wenn du die Buchstaben in die richtige Reihenfolge bringst, erfährst du, welche Mannschaften Spitznamen tragen. Schreibe die Lösungen auf die Linien! Kleiner Tipp: Jeweils der erste Buchstabe ist vorgegeben! (ä = ae, ö = oe, ü = ue)

STEINUEN

T _ _ _ _ _ _ _

HEOSTOL

L _ _ _ _ _ _

UDARAN

R _ _ _ _ _

GUADAN

U _ _ _ _ _

LEEBEFINESKENUT

E _ _ _ _ _ _ _ _ _ _ _ _ _ _

AMEUKNR

K _ _ _ _ _ _

SOUTBAAN

B _ _ _ _ _ _ _

FIFA Fußball-Weltmeisterschaft™

2002

10 – 1 – 16 – 1 – 14 / 19 – 21 – 5 – 4 – 11 – 15 – 18 – 5 – 1

1998

6 – 18 – 1 – 14 – 11 – 18 – 5 – 9 – 3 – 8

1994

21 – 19 – 1

1978

1 – 18 – 7 – 5 – 14 – 20 – 9 – 14 – 9 – 5 – 14

1990

9 – 20 – 1 – 12 – 9 – 5 – 14

1974

4 – 5 – 21 – 20 – 19 – 3 – 8 – 12 – 1 – 14 – 4

Geheim!

Jede Zahl entspricht einem Buchstaben im Alphabet: 1 steht für A und 26 für Z. Wenn du den Zahlencode knackst, erfährst du, in welchem Land diese WM-Bälle zum Einsatz kamen. Schreibe die Lösungen in die Kästchen!

Trikot-Chaos

Wie viele verschiedene Ländertrikots kannst du hier zählen? Schreibe die Zahl in das Kästchen!

Rebus

Wenn du die Bilderrätsel löst, weißt du, welches Land Rekord-Weltmeister ist und in welchem Land die erste FIFA Fußball-Weltmeisterschaft™ stattfand. Schreibe die Lösungen auf die Linien!

WM-Historie

„Sechs Minuten noch im Wankendorfstadion in Bern. Keiner wankt, der Regen prasselt unaufhörlich hernieder … Jetzt Deutschland am linken Flügel, durch __________. __________ Zuspiel zu __________ wird von den Ungarn abgewehrt. Und __________, immer wieder __________, der rechte Läufer der Ungarn, am Ball. Er hat den Ball verloren, diesmal gegen __________. __________ nach innen geflankt. Kopfball! Abgewehrt! Aus dem Hintergrund müsste __________ schießen! __________ schießt – Tooor, Tooor, Tooor, Tooor! Tor für Deutschland! Linksschuss von __________! … 3:2 für Deutschland fünf Minuten vor dem Spielende."

Tooor!

Die letzten Minuten des Endspiels 1954 waren besonders spannend. Die Ungarn traten mit ihrem hervorragenden Mittelfeldspieler József Bozsik an. In der deutschen Mannschaft schoss schließlich Helmut Rahn in der 84. Spielminute das entscheidende Tor zum 3:2-Endstand für Deutschland. Die indirekte Vorlage lieferte Schäfer, der den Ball nach innen flankte. Millionen fieberten bei der Berichterstattung des Radioreporters Herbert Zimmermann mit. Setze die Namen der jeweiligen Spieler in die Textlücken ein!

Kleiner Tipp: Es fehlen einmal der Name Morlock, zweimal Bozsik, dreimal Rahn und viermal Schäfer.

Aufstellungs-Rätsel

Das Endspiel der FIFA Fußball-Weltmeisterschaft Japan/Südkorea 2002™ gewann die brasilianische Mannschaft mit einem sehr flexiblen 3-4-3-System. Am Anfang der Übertragung gab der Kommentator die Aufstellung bekannt. Kannst du die einzelnen Spieler ihren Positionen zuordnen? Schreibe ihre Namen auf die Linien!

Im Angriff bilden Ronaldinho auf der linken Seite, rechts Rivaldo und Ronaldo als Sturmspitze den gefürchteten „R-Sturm". Im Mittelfeld nutzen Roberto Carlos links außen und Cafu rechts außen ihre Positionen für gefährliche Flankenläufe. Kleberson, der links von Cafu steht, und Gilberto Silva, rechts neben Roberto Carlos, sichern das Zentrum ab. Von links nach rechts machen Roque Junior, Edmilson und Lucio als defensive Dreierkette – mit Marcos als Hintermann – die Aufstellung komplett.

WM-Fieber

Fußballwelt

Fußball wird auf der ganzen Welt gespielt. Weißt du, wie das beliebte Spiel in anderen Ländern heißt? Trage neben jedem Land die jeweils richtige Zahl ein!

GROSS-BRITANNIEN ☐

USA ☐

ISLAND ☐

KROATIEN ☐

☐ ITALIEN

TÜRKEI ☐

☐ FINNLAND

INDONESIEN ☐

☐ NIEDERLANDE

ESTLAND ☐

Geheim!

2006 fand die FIFA Fußball-Weltmeisterschaft™ in Deutschland statt. Das so genannte Sommermärchen begeisterte das ganze Land und endete mit einem dritten Platz für die deutsche Mannschaft. Sieger wurde Italien vor Frankreich. Ursprünglich waren 197 Teams aus aller Welt angetreten. Die qualifizierten Mannschaften verbergen sich hier in der Wörterschlange. Findest du alle? Beginne ganz außen und kreise die Lösungen mit einem Stift ein!

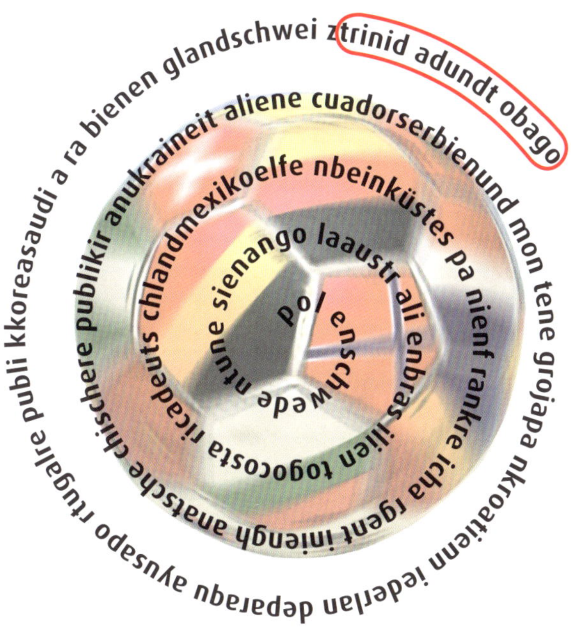

Die FIFA WM 2006™ fand im Austragungsland Deutschland zahlreiche Fans!

WM-Quiz

Wie heißt das Maskottchen der FIFA Fußball-Weltmeisterschaft™, die für 2010 in Südafrika geplant ist?

☐☐☐☐☐☐

Weißt du auch, welches Tier es darstellt?

☐☐☐☐☐☐☐

© 2007 FIFA TM

Herausragende Spieler

FIFA Weltfußballer des Jahres

Tess hat mit den Buchstaben jongliert und die Namen der „FIFA Weltfußballer des Jahres" durcheinandergebracht. Wie heißen sie? Trage die Namen in die Kästchen ein!

Stolz hält der portugiesische Stürmerstar OTSRICHNIA LODORNA die Trophäe des „FIFA Weltfußballers des Jahres" in den Händen. Er wurde 2008 das erste Mal geehrt.

2008 erhielt die Torjägerin der brasilianischen Nationalmannschaft RAAMT die begehrte Auszeichnung bereits zum dritten Mal in Folge.

Siegerträume

In ihrer Laufbahn können Fußballspieler verschiedene Titel und die damit verbundenen Trophäen gewinnen. Weißt du, wie welcher Pokal aussieht? Verbinde die passenden Paare mit einem Stift!

4 DFB-Pokal

3 UEFA Champions League-Pokal

2 UEFA-Pokal

1 Meisterschale

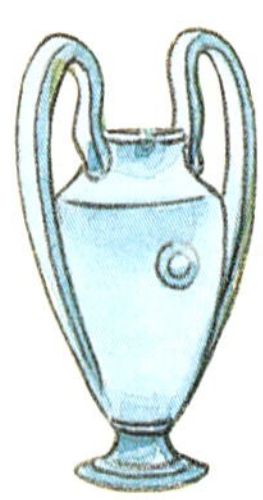
B

A

D

C

H	W	
S	U	M
P	C	F
G	B	Q
J	K	Y
Z	R	E
V	X	D

Abc-Gitter

Das Gitter enthält alle Buchstaben des Alphabets, bis auf sechs. Wenn du die fehlenden Buchstaben richtig anordnest, erfährst du, welcher Fußballer als erster ausländischer Spieler im Jahr 2004 zum „FIFA Fußballer des Jahres" gewählt wurde. Trage die Antwort in die Kästchen ein!

Fußball-Legenden

Steckbriefe

Kennst du diese Fußballhelden? Schreibe die Namen über die Fotos und ordne die Texte den richtigen Bildern zu! Trage bei jedem Foto den passenden Buchstaben ein! In der Reihenfolge von 1 bis 8 verraten sie dir, wie man den Chef einer Fußballmannschaft nennt.

K 1	2	3	4	5	6	7	8

K 1

2

(E) 1998, 2000 und 2003 wurde er zum „Weltfußballer des Jahres“ gewählt. Mit Frankreich wurde er 1998 im eigenen Land Weltmeister und 2000 Europameister. 2006 wurde er zum wertvollsten Spieler der WM ernannt.

(T) Der trickreiche Stürmer spielte in der Nationalmannschaft der erfolgreichsten Fußballnation. Nach Verletzungen feierte er bei der WM 2002 ein Comeback und wurde mit seiner Mannschaft Weltmeister.

3

4

5

(A) Dieser Mittelfeldspieler heißt mit richtigem Namen Edson Arantes do Nascimento. Dreimal wurde er mit Brasilien Weltmeister. Er wurde zum „Weltfußballer des Jahrhunderts“ gewählt.

(K) Der Eckball- und Freistoßspezialist war 2000 bis 2006 Kapitän der englischen Nationalmannschaft. Mit Manchester United wurde er 6-mal Englischer Meister.

(I) Der „Kaiser“ ist der erfolgreichste deutsche Fußballer aller Zeiten. Er war Nationalspieler, Teamchef der Nationalmannschaft und ist heute Präsident des FC Bayern München.

6

7

8

(A) Mit 150 Länderspielen ist dieser Mittelfeldspieler deutscher Rekord-Nationalspieler. 1990 wurde er Weltmeister. Er nahm als Spieler an fünf WMs teil. Zwei Jahre trainierte er die ungarische Nationalelf.

(N) Der Argentinier war der Fußballstar der 1980er-Jahre. 1986 wurde er mit der Nationalmannschaft Weltmeister und schoss im Viertelfinale gegen England das „Tor des Jahrhunderts“.

(P) Der Mittelfeldstratege spielte 2001 bis 2009 bei Juventus Turin. 2003 wurde der Tscheche zu „Europas Fußballer des Jahres“ gewählt. 1996 erreichte er mit seiner Nationalmannschaft das Endspiel der EM.

Lösungen

S. 2

Wahr oder gemogelt? Beide Geschichten sind wahr.

Doppelgänger:

S. 3

Gut angezogen: Armbinde

Schuhdurcheinander: 1 Andreas, 2 Tobias, 3 Felix, 4 Michael, 5 Lukas, 6 Jens, 7 Tim, 8 Matthias

S. 4

Quizfrage: a) Die Spielerinnen trugen Hosen, keine Röcke.

Gitterrätsel: a) 1A, b) 3A, c) 1C, d) 2D, e) 1E

S. 5

Schattenrätsel: c

Buchstabenklau: Mia Hamm, Birgit Prinz, Michelle Akers, Bettina Wiegmann, Steffi Jones, Sun Wen, Renate Lingor, Pia Sundhage, Doris Fitschen, Nettie Honeyball

S. 6

Verknotet: 1865: Begrenzung der Torhöhe auf 2,44 Meter, 1871: Handspiel ist nur noch beim Torwart zulässig, 1872: Festlegung einer einheitlichen Größe für Fußbälle, 1939: offizielle Einführung von Rückennummern für internationale Spiele, 1970: Einführung der Roten und Gelben Karte, 1993: Grätsche von hinten wird mit roter Karte geahndet

Quizfragen: Nachspielzeit, Vierter Offizieller

S. 7

Zeichensprache: 1c, 2a, 3b

Torgefahr! a; ein Tor ist nur erzielt, wenn der Ball die Torlinie in vollem Umfang überquert hat.

Abseits-Rätsel: 2

S. 8

Ballzauber: A) Kopfball, B) Tackling, C) Dribbeln, D) Volley, E) Fallrückzieher, F) Effet

Kreuzworträtsel: 1 Torraum, 2 Torlinie, 3 Strafraumkreis, 4 Ecke, 5 Anstoßpunkt, 6 Mittelkreis, 7 Mittellinie, 8 Strafraum, 9 Seitenlinie, 10 Strafstosspunkt

S. 9

Meister-Rätsel: Der VfB Blaue Socken wird mit 69 Punkten Meister von Kickerland vor Siegerstadt 05 mit 68 Punkten und dem SC Wilde Jungs mit 67 Punkten.

Bundesliga-Quiz: 1a, 2c, 3a, 4b (In diesem Jahr wurde das Endspiel zwischen dem 1. FC Nürnberg und dem Hamburger SV nach 190 Spielminuten unentschieden abgebrochen, ebenso das Wiederholungsspiel.), 5c (Er schoss in 427 Spielen 365 Tore.)

S. 10

Wappen-Rätsel: a) BV Borussia Dortmund, b) 1. FC Köln, c) FC Schalke 04, d) Hamburger SV, e) 1. FC Kaiserslautern

S. 11

Stadion-Rätsel: A) Allianz-Arena, B) Weserstadion, C) Olympiastadion, D) easyCredit-Stadion, E) Zentralstadion

S. 12/13

Im Stadion: Auf der Tribüne sind 24 Fanschals zu sehen. Hier verbirgt sich Quentin.

S. 14

Ratekrimi: Ja. Das Tor gilt, da Max den Schuh ohne Absicht verloren hat.